AF586380

SI

LE KHÉDIVE VOULAIT !!!

ÉTUDES

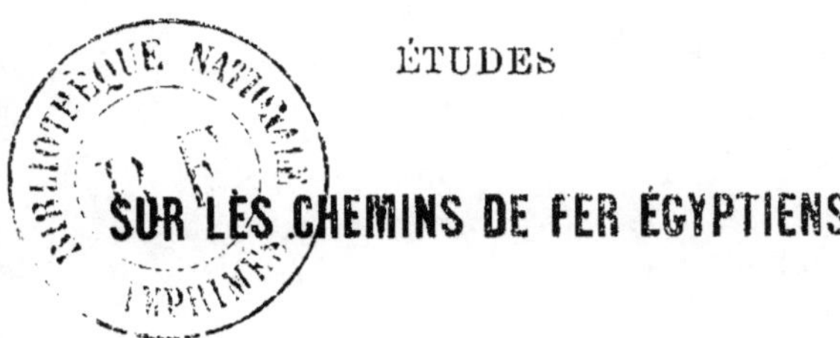

SUR LES CHEMINS DE FER ÉGYPTIENS

PAR

ALFRED NOUETTE-DELORME

TROISIÈME ÉDITION

PARIS
IMPRIMERIE DE GEORGES KUGELMANN
13, rue du Helder, 13.

—

1871

AVANT-PROPOS

Il y a quelques années, à la suite d'études approfondies faites d'après des documents et des renseignements aussi nombreux qu'exacts, nous avons publié sur les agissements de l'administration de la Société anonyme égyptienne du canal de Suez des critiques, dont le résultat a été de provoquer diverses améliorations, sans lesquelles le canal actuel serait encore une simple expectative. Nous souhaitons que le travail que nous publions aujourd'hui éclaire le gouvernement égyptien et l'excite à apporter de telles réformes dans l'administration et dans l'exploitation de ses chemins qu'il y trouve une source importante de revenus.

L'état désastreux des finances, l'exagération disproportionnée des engagements, les erreurs d'une politique qui fait multiplier les armements et entretenir inutilement 75,000 hommes sous les armes, créent la nécessité d'augmenter les ressources.

Une autre considération est que quelque amélioration que le gouvernement égyptien puisse apporter dans ses diverses administrations, le moment est proche où, fatalement, il devra choisir entre la banqueroute et des expédients, tels que la vente de ses chemins de fer.

Déjà deux convoitises sont en présence : la convoitise anglaise — politique autant qu'industrielle guidée, affirme-t-on, par S. Ex. Nubar Pacha — et la convoitise banquière, représentée par MM. Oppenheim et Cie, lesquels semblent posséder aujourd'hui le monopole des opérations financières avec l'Egypte.

Pour comprendre combien une pareille cession doit répugner à S. A. le Khédive, il faut savoir que les chemins de fer sont avant tout, en Egypte, un moyen de domination et que, d'un autre côté, s'ils étaient cédés à une compagnie, le vice-roi, propriétaire du tiers de l'Egypte, perdrait l'avantage de faire faire ses expéditions de cotons, sucres, blés, charbons, etc., etc., de préférence à celles des simples particuliers.

Nous désirons sincèrement que le but qui nous a fait entreprendre cette publication soit atteint et, disons-le, nous avons l'espérance qu'il le sera.

Le soin que nous avons apporté, dans le choix des documents que nous avons réunis, nous fait espérer que nous sommes arrivé à ce résultat qu'aucunes inexactitudes ne se sont glissées dans ce travail. S'il en était autrement, nous nous empresserions de signaler nous-mêmes celles qui auraient pu s'y introduire, et ce, tant par la publication d'une nouvelle brochure que par des articles rectificatifs, dans de nombreux journaux.

INTRODUCTION

Les idées que les Orientaux se forment du pouvoir sont telles, que rien ne les surprend comme d'entendre dire qu'il existe des pays où le mérite personnel et les connaissances spéciales sont des titres contre lesquels la faveur et le caprice sont souvent impuissants, et que, chaque fois qu'un poste est confié à un homme incapable de le remplir, l'opinion publique s'en irrite.

Leur étonnement est plus grand encore, si vous leur dites qu'il est des pays où l'intérêt public est seul consulté dans la distribution des faveurs, au point que, si, au mépris de ce grand intérêt, des emplois sont confiés dans le seul but de procurer des avantages personnels, il advient que la conscience publique se révolte, et qu'elle déverse également son mépris sur le protecteur et sur ses protégés.

C'est que les Orientaux ne connaissent qu'un intérêt : l'intérêt individuel, et qu'il n'existe chez eux aucun terme pour rendre les idées qu'expriment chez nous les mots : patrie, honneur. Le seul droit qu'ils conçoivent, c'est celui de la force; aussi, ne sont-ils quelque chose qu'autant qu'il plaît au maître, et subissent-ils la disgrâce avec humilité, attendant que le caprice réédifie ce qu'il a brisé.

En Orient, la faveur est presque tout, le mérite peu de chose, l'intrigue le seul moyen de parvenir.

Les gouvernements orientaux n'ont aucun souci des antécédents ni des connaissances spéciales; à leurs yeux, le premier venu est apte à tout par cela seul qu'il plaît. On voit chaque jour confier aux jeunes gens qui reviennent d'Europe des emplois en opposition avec leurs études antérieures. Tel qui a étudié la jurisprudence est placé dans l'armée; quant au militaire, il deviendra administrateur ou magistrat.

Ce qui précède était nécessaire pour faire comprendre combien les idées des Orientaux sont différentes des nôtres en matière d'administration, et pour faire accepter tout ce que nous serons amené à dire dans les pages qui vont suivre.

De tels principes, de telles habitudes portent les conséquences qui leur sont naturelles: le fonctionnaire, incertain du lendemain, se hâte de mettre à profit sa position précaire : tous les moyens, tous les expédients lui sont bons pour arriver à s'enrichir rapidement, et cela, avec d'autant plus d'ardeur qu'il sait que les ménagements que l'on aura pour lui seront en raison de sa fortune personnelle.

Dans l'isolement où vivait naguère l'Orient, son organisation primitive, ses administrations à l'état rudimentaire constituaient une civilisation relative; mais avec les chemins de fer et la navigation à vapeur les distances ont disparu ; une nombreuse colonisation européenne a envahi les grands centres; de leur côté, les indigènes ont visité l'Europe.

Les gouvernements orientaux ont alors et fréquemment, de bonne foi, cherché à initier leur pays à la civilisation européenne, et c'est en Egypte qu'en apparence les progrès les plus considérables ont été accomplis. Nous disons en apparence, car si l'on juge de haut et au point de vue moral, le pays a reculé au lieu d'avancer, et cela, parceque ce ne sont ni les mots, ni les enseignes, ni les costumes qui font les choses, et que toutes les prétendues améliorations n'ont amené aucune modification dans cette pratique : que c'est du maître que tout découle, que ce qui importe est de posséder sa faveur, qu'enfin le seul moyen de parvenir est l'intrigue. Le gouvernement égyptien n'a pas compris que là où le pouvoir est absolu, là où les institutions protectrices de l'honneur, de la vie et les biens des citoyens font défaut, là où l'arbitraire devient le droit, là où le magistrat n'est le plus ordinairement qu'un vil agent, il ne saurait se produire de progrès réel.

DE LA DIRECTION

Il dépend du caprice du pouvoir de prendre des gens qui ignorent l'art militaire, et de les couvrir de galons pour la parade; de prendre des individus qui ne savent même pas signer leur nom, et d'en faire des magistrats, etc., etc.; mais c'est une étrange erreur de croire que l'on peut, avec autant de facilité, créer des ingénieurs, des directeurs de chemins de fer, et de supposer que le premier venu, dépourvu de connaissances spéciales, qui parfois ne connaît même pas une seule langue européenne, sera apte à devenir le chef d'une administration aussi compliquée, aussi pleine de détails techniques que celle d'un réseau important de chemins de fer. Un tel personnage sera forcément réduit à se laisser diriger par les chefs de service, et, si les chefs de service sont, dans le fait, aussi ignorants que lui, il est facile de concevoir ce que sera l'administration.

Voilà cependant la méthode qui prévaut dans les chemins de fer égyptiens.

En présence de déceptions continuelles, on a, de deux ans en deux ans, remplacé successivement les directeurs: chacun est venu bouleverser à tort et à travers le système de son prédécesseur, et le désordre s'est transformé en chaos.

Abder-Ahman-Bey eût peut-être réussi à établir une organisation supportable, s'il en eût eu le loisir; mais, avant même de s'être mis suffisamment au courant, il succomba sous l'intrigue qui le fit remplacer par Son Exc. Nubar Pacha.

Son Exc. Nubar Pacha fut un tout aussi funeste directeur qu'il devait être plus tard un fâcheux diplomate. Sans connaissances techniques, dénué des moindres notions d'administration, inquiet et brouillon par tempérament, il ne trouva rien de mieux à faire que de donner carte blanche à son chef de traction, Jefferey Bey, lequel manifesta la plus merveilleuse activité, pour, en peu de temps, remplir les magasins de marchandises imaginables et inimaginables, et couvrir une partie du sol égyptien de matériaux plus ou moins mauvais ou inutiles. Lorsqu'enfin on pensa à dresser un inventaire de ces immenses amas de toutes espèces de choses, il advint qu'un vaste incendie anéantit les magasins et leur contenu, y compris les archives: l'inventaire se trouva ainsi fait. — Son Excellence manifesta la plus vive contrariété de cet accident.

Six mois plus tard, le gouvernement, appréciant à son juste prix le mérite de Jefferey Bey, le congédia, ce en quoi il n'eut qu'à moitié raison, puisqu'il lui donna pour successeur le sieur Atkinson, aussi amoureux que lui des approvisionements; et Stephenson continua à fournir plus que jamais de mauvaises locomotives et une grande partie du matériel.

Le gouvernement, faisant en cela preuve de clairvoyance, n'oublia point le protecteur de Jefferey Bey: Son Exc. Nubar Pacha fut appelé à d'autres fonctions. Ce qui a rendu également célèbre cette direction, c'est l'accident de Kafr-er-Zaïat, grâce auquel Achmet Pacha fut noyé dans le Nil, ce dont, selon sa coutume, Son Excellence manifesta la plus vive contrariété. Les conséquences de cet accident furent que S. A. Ismaïl Pacha succéda à Saïd aux lieu et place du défunt.

S. E. Kourschid Pacha fut ensuite investi de la direction; il réussit à réprimer en partie les menus vols faits au préjudice de l'administration; mais les gros abus fleurirent comme par le passé. C'est sous cette direction que 44 locomotives se trouvèrent rapidement hors de service et au rebut; pour y obvier, on commanda 50 machines neuves à Stephenson.

A S. Exc. Kourschid Pacha succéda S. Exc. Ali-Pacha-Moubarek. Tous ceux qui déploraient sincèrement les extravagances tout orientales des précédentes directions espérèrent alors une réforme générale et efficace. Ce directeur, appréciant le déplorable état de son administration, s'attacha avec courage à y remédier. Il fit les plus grands efforts pour partout introduire un ordre relatif; malheureusement, étant en outre à la tête de plusieurs autres ministères, il ne put consacrer qu'une partie de son temps aux chemins de fer. Néanmoins, malgré les entraves continuelles suscitées par presque tous les chefs de service, hostiles à ses idées de réforme, il fit de bonnes choses.

Il dota les chemins de fer des constructions qui leur faisaient défaut.

Il fit mettre en ordre cet immense magasin de Boulak, où jusqu'alors avait régné un désordre insensé. Là, en effet, l'on voyait entassés pêle mêle : instruments de précision et ferraille, pièces lourdes et fragiles, papier, machines, étoffes et matières grasses. C'était un chaos inouï, sans enregistrement ni comptabilité.

Il fit réparer la plupart des 44 locomotives qui se rouillaient en plein air, et emmagasiner les machines neuves venant d'Angleterre.

Ses divans, renommés antérieurement par leur malpropreté, leurs effendis ou fumant, ou mangeant des oignons, ou dormant, prirent l'aspect de bureaux.

Les voyageurs lui furent redevables de connaître les heures de départ et d'arrivée des trains, et de savoir où s'adresser pour obtenir leurs billets et l'enregistrement de leurs bagages.

Il établit aussi les bases d'une comptabilité sérieuse permettant un contrôle efficace.

Il fit la guerre au dieu Bakchich qui constitue la maladie par excellence de cette administration.

Ali-Pacha-Moubarek ne possédait peut-être pas toutes les connaissances utiles à la direction magistrale d'un chemin de fer; mais c'est un ingénieur intelligent, honnête, actif, dévoué et capable d'initiative. Il fut changé au moment où il avait acquis une expérience pratique qui lui eût permis de tout réformer successivement.

Parmi les obstacles qui s'opposent à la réforme de l'administration des chemins de fer égyptiens, il ne faut pas oublier celui que crée les intrigues de l'influence anglaise, prépondérante dans cette administration. Les directeurs sont aussi impuissants vis-à-vis de leurs employés anglais que vis-à-vis de certains fournisseurs.

C'est ainsi que l'on vit, il y a peu de temps, le directeur actuel remplacer le médecin anglais par un indigène plus capable, et que, sur les réclamations du consul britannique, le premier médecin dut être aussitôt réintégré dans son poste.

Naguère, à l'occasion des deux wagons du train vice-royal dont les essieux avaient chauffé, S. Exc. Ismaïl-Bey s'oublia jusqu'à appeler âne le contre-maître du wagonnage; aussitôt celui-ci s'élança sur son chef, le jeta à terre, le roua de coups avec sa propre canne, le menaçant en outre du consulat anglais. Non-seulement Son Excellence n'osa se plaindre, mais descendant aux plus humbles supplications, il obtint enfin que le contre-maître oublierait tout et lui pardonnerait. Ce n'est sans doute pas pour cette conduite que S. A. le Khédive l'a gratifié de 200 feddans de terre.

Malheur au directeur qui oserait trouver d'un prix trop élevé ou de mauvaise qualité les fournitures de MM. tels et tels, il succomberait certainement. Plus, au contraire, un directeur est incapable, brouillon, incompétent, dilapidateur, plus il a d'amis, plus ses louanges sont chantées sur tous les tons, plus il est certain de conserver son poste.

Bien plus, les exemples se renouvellent sans cesse d'employés qui, renvoyés pour cause de malversations, sont ensuite repris et promus à des postes plus élevés. Il n'y aurait en fait de preuves que l'embarras du choix.

Après Ali-Pacha-Moubarek, ce fut à Omar-Pacha-Loutfi que fut confiée l'administration. Cet événement fut salué avec enthousiasme par tous les adversaires des réformes ; ils espérèrent que le bon vieux temps allait revenir ; ils savaient que le nouveau directeur, ne possédant pas les moindres connaissances techniques et spéciales et ne parlant ni le français ni l'anglais, serait forcément contraint de s'en rapporter à ses subalternes.

Presque instantanément, en effet, toutes les améliorations récentes disparurent, comme par enchantement. Les comptabilités et les contrôles furent négligés ou même supprimés; on congédia un certain nombre d'employés, et cette mesure frappa surtout les Français; car, d'une part, les Anglais leur sont naturellement hostiles, et, d'autre part, le télégraphe venait de faire connaître la reddition de Metz.

L'on ne peut qu'approuver les mesures d'économie ; mais il faut qu'elles soient réellemement d'économie. Or ce n'en est pas une que de détruire des comptabilités et des contrôles que de supprimer des employés, anciens, compétents, honnêtes—par cette seule raison qu'ils sont Français et que leur pays vient de subir des échecs militaires, — et d'en conserver d'incapables et malhonnêtes ou d'en prendre de nouveaux qui ne valent pas mieux.

On objecte à tout cela que le gouvernement égyptien n'attache qu'une médiocre importance à ce que ses chemins de fer soient bien ou mal administrés, à ce qu'ils produisent ou non des bénéfices; que ce qui lui importe surtout, c'est d'en faire un moyen de police et de gouvernement; que, par conséquent, s'il est exact que le directeur actuel ignore peut-être encore la différence qui peut exister entre une locomotive et un tender, il faut reconnaître que S. Exc. Omar Pacha, ayant été préfet de police, se trouve plus apte que qui que ce soit à remplir les vues de S. A. le Khédive. A l'appui de cette argumentation, on invoque les gratifications considérables octroyées à Son Excellence, et surtout sa récente nomination aux postes de préfet de police et de gouverneur du Caire.

Le gouvernement égyptien est évidemment libre d'agir à sa guise ; mais il semble cependant que ses finances sont à ce point déplorables, que, pour concilier tout à la fois sa politique et ses intérêts, il agirait sagement en laissant à S. E. Omar Pacha la police du réseau des chemins de fer, et en confiant la direction de l'exploitation à un homme compétent.

SERVICES ADMINISTRATIFS

La première des réformes que nécessite l'état actuel de l'administration des chemins de fer égyptiens est celle de son service administratif. Il importe que l'on introduise une séparation réelle entre ce service et ceux de la voie, de l'exploitation et du mouvement, du matériel et de la traction. Il importe que l'on place à la tête de ces services des chefs honnêtes, compétents et intelligents, et que ces chefs soient pourvus chacun d'un bureau à la direction générale, ce qui faciliterait les communications qu'ils ont nécessairement à se faire.

Il est indispensable aussi que l'on établisse une hiérarchie dans le personnel, de telle sorte que chaque employé connaisse la limite de ses attributions, que le contrôle devienne possible, et que la centralisation des services puisse être faite avec clarté.

Dans l'état actuel, ni la voie, ni le mouvement, ni la traction ne sont déterminés ; le chef du mouvement s'occupe de la traction, le chef de la traction ne se mêle de rien, et le chef de la voie se préoccupe fort peu de ce qui devrait le concerner.

L'on voit, par exemple, le chef du mouvement courir sur la ligne pour demander aux mécaniciens s'ils ne pourraient pas conduire les trains d'Alexandrie à Suez sans changer de machine à Zagazig. Une direction générale qui envoie ainsi son chef de mouvement courir se renseigner auprès des mécaniciens peut avoir pour excuse la déplorable incapacité de ses chefs de traction ou de dépôt ; mais le fait n'est pas moins regrettable.

Il est nécessaire que chaque service ait sa comptabilité à part, afin de pouvoir d'un seul coup se rendre compte de la situation.

La comptabilité centrale, pour laquelle la direction professe le plus souverain dédain, est surtout la base indispensable de toute exploitation de chemins de fer : c'est par elle que l'on peut connaître le gaspillage, les fraudes, les vols de tous genres, les négligences dans l'entretien, etc., etc. C'est par elle que l'on peut apprécier les réductions ou les augmentations à apporter dans la consommation des matières diverses. C'est par elle que l'administration peut savoir, à la fin de chaque mois, quelles sont les dépenses concernant le personnel, le matériel et l'entretien de chaque service ; quel est le nombre des tonnes de marchandises et des voyageurs transportés ; quel est le total des milles parcourus par les machines et les wagons ; quelles sont les quantités de combustible et de matières diverses proportionnellement consommées, etc., etc.

Peu importe qu'il y ait plus ou moins d'effendis employés aux écritures, si lesdites écritures n'indiquent rien et n'aboutissent à rien ; si elles ne sont qu'un inutile remplissage de registres ; si rien n'y est coordonné ; si elles ne permettent même pas de dire au juste le nombre de wagons que l'on possède.

Voici un fait qui caractérise suffisamment à ce point de vue l'administration, pour que nous soyons dispensé d'en citer toute une série d'autres :

Sous le prétexte d'éviter des écritures, le personnel n'est point payé là où il réside, il lui faut se déplacer et venir à l'administration centrale. Il s'ensuit un va-et-vient continuel sur toute la ligne, une perturbation permanente dans le service. Que de fois n'a-t-on pas vu et ne voit-on pas des machines faire le trajet d'Alexandrie au Caire uniquement pour procurer au mécanicien ou au chauffeur le moyen de toucher son salaire?

Une des réformes les plus indispensables serait de former une commission qui pût prononcer avec connaissance de cause au sujet des collisions, des réparations de machines, et des autres questions concernant la mécanique.

Il existe, il est vrai, une commission dite des chemins de fer; mais cette commission ne déroge en rien aux habitudes locales ; on chercherait en vain parmi ses membres quelqu'un possédant des notions élémentaires de mécanique ; aussi ses verdicts sont-ils, pour l'ordinaire, tout ce que l'on peut imaginer de plus grotesque.

Non-seulement ces messieurs ignorent la réglementation des chemins de fer en général, mais ils se garderaient bien d'étudier ce qui a été fait pour les chemins de fer égyptiens en particulier : tout s'y passe au hasard et à la grâce de Dieu. D'ailleurs, fussent-ils capables, l'absence de comptabilité sérieuse ne leur permettrait pas de juger avec discernement.

Il en résulte qu'un mécanicien, qui a le tort de connaître son métier ou de ne pas s'astreindre aux complaisances les plus ridicules envers un chef de traction ou de dépôt, est certain de voir bientôt un rapport dressé contre lui et d'être expulsé. Il devient le bouc émissaire de l'incapacité et de la négligence de ses supérieurs; l'on fait retomber sur lui la responsabilité des avaries, des accidents, et des indemnités à payer qui en sont la conséquence.

Il y a deux ou trois ans, S. E. Nubar Pacha racontait à toute l'Europe qu'en cinq années le gouvernement égyptien avait payé à divers dix-huit millions de francs d'indemnité, c'est-à-dire 72 millions de piastres, et il en concluait à la nécessité de soumettre les Européens à l'arbitraire de tribunaux qu'il se proposait de confectionner. La seule chose qui puisse surprendre, c'est la faiblesse de ce chiffre de 18 millions. A elle seule, l'administration des chemins de fer ne semble-t-elle pas susceptible de le faire dépasser? Au lieu de discuter avec son S. E., il eût été beaucoup plus rationnel de lui rappeler qu'elle avait fait ses preuves dans la direction des chemins de fer égyptiens.

Si l'on appréciait la valeur des membres de la commission par l'importance de leurs appointements, ce devraient être des capacités hors ligne. Son président touche cent francs par jour et a droit, de par contrat, à une retraite de douze mille francs. Inutile d'ajouter que c'est un Anglais.

Il existe un dignitaire qualifié du nom d'inspecteur général, et qui, en bonne justice, devrait être plutôt désigné sous le nom de cicérone des visiteurs de distinction. En dehors de cela, les fonctions de ce personnage n'ont jamais été clairement définies : tantôt on le voit présider un comité ; tantôt il fait partie de la commission ; tantôt, nouveau Diogène, il parcourt l'Europe, à la recherche de mécaniciens. On l'accuse cependant de chercher parfois à découvrir les causes d'un accident ; mais il faut dire à son excuse, qu'après plusieurs mois d'investigations il aboutit régulièrement à ne rien découvrir.

Tout ce qui a été fait à l'imitation des règlements en vigueur dans les chemins de fer européens demeure à l'état de lettre morte. Dans la pratique : ce sont des singeries, pas autre chose.

Parfois il arrive cette bonne fortune, que l'on s'aperçoit assez tôt des absurdités que contiennent ces élucubrations, et que l'impression et la publicité peuvent en être évitées. C'est ainsi que S. E. Betts-Bey ayant rédigé pour les mécaniciens des règlements hilarants, il eut la chance qu'ils ne vissent point le jour.

S. E. Ismaïl-Bey fut moins heureux à l'occasion de son règlement pour les machines et les ateliers, et l'on put y voir, entre autres stupidités, qu'après chaque semestre les locomotives devaient subir un essai à la presse hydraulique ; que leur puissance devait être diminuée d'une ou deux atmosphères, et que cet essai devait être constaté par une empreinte gravée sur la chaudière. Si ce merveilleux ingénieur eût possédé les moindres connaissances, il aurait su que c'est le service ou le parcours fait par les machines qui doit toujours servir de base, et non un laps de temps quelconque. Du reste, la chose n'a pas eu d'autre suite que de fournir aux mécaniciens et aux employés capables une occasion de s'égayer.

Mais là où l'abus dépasse toute conception, c'est sur l'article commande. On ne possède aucun dossier de renseignements, on n'attache aucune importance à être en relation directe avec les grands constructeurs et fournisseurs. Le premier venu, suffisamment recommandé, obtient un ordre à des prix de 25 à 200 pour cent plus élevés que la valeur réelle, et cette augmentation fait face à l'article bakchich.

Bien entendu qu'il n'est aucunement question de cahiers des charges détaillés. Du reste, il ne se trouve personne qui soit capable de fixer le type des machines, les dimensions principales, la force des pièces, la nature et la qualité des matières à employer, etc., etc., enfin, toutes les conditions auxquelles le constructeur doit strictement se soumettre.

Pour donner un exemple à l'appui de cette assertion, il suffit de rappeler que, lors de l'explosion de la machine n° 52, les chefs de service et les membres du comité se réunirent pendant des semaines sans qu'un seul pût définir l'accident. Ils ne sortirent enfin d'embarras que grâce à l'aide d'ingénieurs étrangers.

Pour se disculper, l'administration répond qu'elle a eu un ingénieur européen, certainement fort capable, mais qu'il l'a indignement abusée. Ce n'est pas là une raison suffisante, et, à défaut de l'Angleterre, il y a en France nombre d'ingénieurs qui unissent le talent à la probité. Disons que ce n'est pas seulement dans l'administration des chemins de fer que les choses se passent d'une façon aussi excentrique. Voici un fait qui le prouve assez :

Il y a quelque temps, S. A. le Khédive, désireux de métamorphoser son état-major, se pourvut d'officiers américains de différentes spécialités. Après étude préalable, l'opinion de l'officier d'intendance fut qu'étant données les conditions générales de l'administration égyptienne, il n'y avait rien à changer dans l'organisation en vigueur. Cette réponse satisfit complétement le pouvoir, car il l'interpréta tout à l'opposé de ce qu'elle voulait dire, à savoir qu'il était inutile de proposer des améliorations dans l'intérêt de l'Etat, dès lors que tout le monde était complice contre cet intérêt.

En résumé, c'est parler avec la plus extrême bienveillance que de dire du service administratif des chemins de fer égyptiens qu'il est déplorable ; que l'on y chercherait en vain un homme doué de quelque capacité spéciale; que, si mal que tout y fonctionne, il est surprenant que les choses n'aillent pas plus mal encore; que tout ce qui s'y passe et s'y fait n'est qu'une grotesque caricature des chemins de fer européens.

Tant que le gouvernement égyptien partira de ce principe, qui est également celui des communards, que les premiers venus, garçons apothicaires, ou attachés d'ambassade, ou menuisiers, ou fonctionnaires dans la police, sont susceptibles d'occuper tous les postes, et notamment les plus élevés d'une administration aussi spéciale que celle des chemins de fer, et qu'il faut les leur confier, il n'y a à espérer aucune réforme.

SERVICE DE LA VOIE

Malgré ce qui a pu être dit dans l'avant-propos, on ne peut véritablement exposer ici toute la vérité. Quelque soin que l'on apportât à atténuer les nuances, l'on ne serait pas cru.

D'ailleurs, le but de cette publication étant d'amener des résultats pratiques, ce serait risquer d'aller à l'encontre et de provoquer le découragement. Peut-être le gouvernement égyptien se dirait-il : A quoi bon essayer une réforme impossible ? les choses ont marché sans doute fort mal jusqu'ici, mais enfin c'est devenu coutume.

Au total, peu importe que l'exploitation des chemins de fer donne ou non des bénéfices, peu importe où je trouve de l'argent, pourvu que j'en trouve. A tout prendre, j'aime mieux continuer à vivre au jour le jour, et j'en serai quitte pour faire administrer, en plus, quelques millions de coups de bâton aux fellahs, à l'occasion de nouveaux impôts.

Rien n'égale l'inertie du service de la voie, si ce n'est le mauvais état de cette voie : de là les déraillements, la rupture des ressorts, la destruction rapide du matériel. Nulle part ailleurs l'on ne constate un nombre tel de ressorts brisés aux machines. Le bon entretien de la voie serait cependant, rien qu'à ce seul titre, une source d'économies.

Des garde-ligne sont encore à créer en bien des endroits dangereux, et l'on n'a pas songé à les munir des signaux indispensables pour éviter les rencontres si fréquentes des trains. Tout à l'inverse, sous prétexte d'économiser, on a réduit le personnel; et, cependant, n'est-il pas évident que, par exemple, la rencontre des deux trains vice-royaux, entre Birket et Benha (2 octobre 1870, machines 186 et 145), n'est-il pas évident que la rencontre de Damanhour (novembre 1870, machines 121 et 193), que les rencontres plus récentes de Zagazig et de Tel-El-Baroud, etc., etc., n'est-il pas évident que toutes ces rencontres donnent lieu à des pertes plus considérables que la prétendue économie réalisée par la réduction du personnel de la voie?

Combien, en outre, ne coûtent pas les avaries occasionnées, presque chaque jour, aux machines par la rencontre du gros bétail qui circule librement sur la ligne, ou la rencontre des colis tombés des trains de marchandises.

Parfois le grotesque se met de la partie ; il n'y a que quelques jours que la machine n° 181 ayant déraillé, les wagons montèrent les uns sur les autres, et un employé fut lancé la tête en avant dans une barrique de graisse jaune d'où on le tira transformé en monstre

Pourquoi attendre que des collisions multipliées soient venues démontrer la nécessité d'établir des signaux fixes ou sémaphores aux stations et embranchements qui en sont dépourvus? Pourquoi ces signaux, là où ils existent, ne sont-ils pas à la distance nécessaire? Pourquoi faut-il que ce soient les accidents qui indiquent les endroits où ils eussent dû être placés?

C'est ainsi que le sémaphore de Damanhour n'a été déplacé qu'après la rencontre d'un train malle-poste avec un train de marchandises; c'est ainsi que le 17 novembre 1870 (machines 60 et 82) une collision vint indiquer le lieu où aurait dû être le sémaphore de Tel-El-Baroud.

L'attention de l'administration devrait se porter aussi sur ses aiguilleurs ; il est déplorable de les voir tellement absorbés dans leur occupation favorite, qui est de filer de la laine au fuseau, qu'ils ne s'aperçoivent pas de l'arrivée des convois, ou ne changent la voie qu'à quelques mètres de la machine et souvent même au milieu du train.

Ce serait une malice cruelle que de demander aux chefs du service de la voie : « Quelles sont les dépenses pour votre personnel, ainsi que pour l'entretien de chacune des sections? Dites-nous, par kilomètre ou par mille, ce que coûte l'entretien des bâtiments et de la voie, etc., etc.» A coup sûr, le premier venu que l'on questionnerait sur les budgets des états de la lune ne demeurerait pas plus stupéfié.

Il semble d'ailleurs que ces messieurs aient des yeux tout exprès pour ne point voir; ils traversent tous les jours les voies du triangle entre Boulak et la station, ainsi que les passages à niveau, sans se douter le moins du monde qu'ils sont dans le plus pitoyable état; aussi, les déraillements y sont-ils journaliers.

SERVICE DU MOUVEMENT

Rien ne pourrait donner une idée du désordre et du laisser-aller de ce service; il semble que toute son organisation consiste à laisser marcher les machines au hasard, à brûler autant de combustible que possible, à détruire autant de matériel que faire se peut.

Les locomotives prêtes à partir attendent quelquefois pendant vingt-quatre heures, sous pression, la formation des trains qu'elles doivent emmener, et, pour qu'on ne puisse pas nous accuser de plaisanterie, nous citerons la machine n° 31, qu'on allumait le 24 mai 1871, à dix heures du soir, et qui se trouvait encore en gare du Caire le 25 mai, à onze heures du soir; invoquons également la machine 199, qui, envoyée le 25 juillet à Chibin-el-Kôm, pour y prendre un train de 40 wagnons de blé, attendit pendant 36 heures l'ordre de les diriger sur Alexandrie, d'où, le lendemain, on les ramena à Tantah. C'est là un procédé d'aération des grains auquel aucun agronome n'avait encore songé.

Les trains circulent généralement avec une allure des plus fantaisistes, et l'exactitude, pour les heures de départ et d'arrivée, est aussi inconnue que la régularité dans la vitesse de marche.

Les employés du mouvement n'ont qu'une connaissance très imparfaite de l'usage des signaux. La nuit, à l'arrivée du train en gare, on les voit présenter aux mécaniciens des signaux verts, rouges et blancs, soit tous ensemble, soit les uns à la suite des autres.

Le fonctionnement des appareils d'éclairage laisse, du reste, beaucoup à désirer: les modèles en sont défectueux et l'huile fait défaut, ce qui amène une obscurité qui tend à favoriser les rencontres et les coups de tampon.

Voici la cause du manque d'huile : les hommes chargés du service d'éclairage sont tout juste assez payés pour ne pas mourir de faim, et boivent une partie de l'huile qui leur est confiée, lorsqu'ils ne la vendent pas. Le fellah a, du reste, pour l'huile à brûler un goût tellement prononcé, que, chez les particuliers, le seul moyen d'y obvier est d'employer du pétrole.

Souvent l'on voit arriver dans une gare un train de wagons vides lorsque, quelques instants auparavant, un autre train, également de wagons vides, quittait cette gare à destination du Caire ou d'Alexandrie. Dans les stations principales, le Mouvement fait demander des machines, et, après un stationnement plus ou moins prolongé, finit par reconnaître qu'elles lui sont inutiles.

Souvent encore, le sommeil ou l'absence des employés d'une station intermédiaire vient imposer à un train en marche un arrêt, qui retarde son arrivée à destination.

Lorsqu'un train doit laisser des wagons en route, on se garde bien de les mettre en queue, et l'on préfère exécuter de longues manœuvres avec le train entier, pour arriver à détacher une ou deux voitures.

Les stations sont pourvues de bascules, mais les employés évitent de les utiliser. Le chargement se fait sans soin. On remplit exactement les caisses, qu'il s'agisse de coton ou de plomb. Aussi, voit-on parfois le plancher d'un wagon trop chargé porter sur les roues, lesquelles glissent sur les rails, au lieu de tourner librement sur leurs essieux.

Le 4 juillet 1870, on chargeait, à la station de Koubé, cinq wagons de fumier, destiné aux jardins et plantations du Caire. Ils quittèrent Koubé, dans la journée; puis, malgré toutes les recherches, on ne put jamais retrouver leurs traces.

Il est inutile d'aborder la question du contrôle des voyageurs et des marchandises, par cette raison que ce qu'on pourrait en dire ne rencontrerait en Europe que des incrédules. Un fait pris au hasard sera plus éloquent:

Lorsque S. E. Kourschid-Pacha était à la direction, un commissaire de trains s'entendit avec un distributeur pour faire imprimer en Angleterre des billets qu'ils utilisaient aux lieu et place de ceux de l'administration. Un hasard fit découvrir cette légère infraction et les deux employés furent congédiés, mais en alléguant pour motif de leur renvoi une *économie de personnel.* Quant au chef de gare, qui ne s'était aperçu de rien, il fut, en récompense, fait bey, et, qui plus est, nommé sous-directeur au chemin de fer.

Il résulte bien clairement des faits énoncés que le service du mouvement sur les chemins de fer égyptiens peut réclamer le mérite d'une originalité indiscutable. Et pourtant les conditions d'exploitation sont on ne peut plus favorables: il n'existe ni rampes, ni tunnels, ni correspondances du fait des embranchements sur la ligne principale; le climat y est toujours clément, etc., etc.

SERVICE DE LA TRACTION ET DU MATÉRIEL

Tout ce que nous avons pu dire au sujet du service administratif, du service de la voie et du service du mouvement n'est rien en comparaison des critiques qu'il nous faut adresser à ce nouveau service.

Le service de la traction et du matériel comporte nécessairement la plus grande partie des dépenses d'une exploitation; aussi, la préoccupation incessante des ingénieurs des lignes européennes est-elle d'apporter sans cesse de nouvelles améliorations, et cela, par un bon entretien du matériel, par un bon choix et par une réduction toujours croissante des quantités de matières de toute nature employées, et surtout par la recherche et le maintien d'un personnel capable et honnête; c'est ce qui permet aux railways européens de diminuer progressivement les frais de transport. Combien une conduite analogue serait-elle désirable pour les chemins égyptiens, puisque le charbon et toutes les matières leur coûtent nécessairement beaucoup plus cher qu'aux chemins européens ?

Et cependant, quel contraste entre le service de la traction sur les lignes égyptiennes et celui des chemins de fer d'Europe! Sur ces derniers, tout marche avec une précision mathématique, l'ordre et la propreté règnent dans les bureaux, les ateliers, les magasins et les chantiers; rien ne peut entrer ni sortir sans être contrôlé; le vol et le gaspillage sont impossibles; toute dépense exagérée est immédiatement signalée; on en prévient le retour et, comme nous l'avons dit, chaque employé a un intérêt direct à réaliser des économies.

Le service de chaque machine est apprécié en raison de la distance parcourue, des frais d'entretien, des dépenses de combustible, de graissage, etc., etc. Une comptabilité spéciale permet de prévoir les réparations nécessaires, de les faire exécuter en temps opportun, de déterminer la durée de certaines parties, telles que les essieux, les tubes, les foyers, etc., etc., et, en outre, de se rendre un compte exact de la valeur des machines sorties des différentes usines.

En Egypte, on procède tout autrement; l'esprit d'ordre et l'économie font absolument défaut, et partout l'on rencontre l'insouciance, la paresse, l'inexpérience et le gaspillage.

Parfois, comme dans toutes les autres administrations égyptiennes, l'observateur superficiel emporte une bonne impression de sa visite. Il remarque, par exemple, l'humble attitude d'un employé secondaire en face de son chef, et prend une haute idée de la discipline et du zèle du personnel. Mais ce n'est là qu'une triste comédie. Malgré son obséquiosité, cet employé, bien que convaincu de sa propre ignorance, sait cependant que son chef est plus ignorant encore, qu'il doit forcément s'en rapporter à lui pour le service, et il se venge de son humilité sur les malheureux indigènes chargés des travaux inférieurs.

En 1869, M. Clarke, ingénieur anglais, vint visiter les chemins de fer égyptiens et, dans le but de se rendre un compte exact des frais de l'exloitation, il adressa aux divers employés de nombreuses questions sur les services rendus par le matériel, sur le prix des matières premières, la consommation du combustible, de la graisse, etc. Il fut fort étonné de ne pouvoir obtenir de renseignements ; les chefs de service eux-mêmes ne s'étaient jamais inquiétés de pareilles vétilles.

M. Clarke est Anglais, et bon Anglais ; comme il reconnut que c'est à l'influence de ses compatriotes qu'il faut en grande partie attribuer cet état de choses, il ne fit pas de rapport et se contenta de constater que « l'administration de ce chemin de fer est la seule au monde possédant une ignorance aussi complète des choses les plus élémentaires. »

S. A. le Khédive n'est pas sans avoir à compter quelquefois avec les inconvénients qui résultent de la déplorable administration de ses chemins de fer. Elle se rendait dernièrement à Alexandrie pour la pose de la première pierre du port. En arrivant à Benha, certaines boites à graisse avaient chauffé au point de mettre le feu à l'un des wagons. Son Altesse dut agir en simple mortel, c'est-à-dire attendre comme les voyageurs le font journellement, que l'accident fût réparé. On la vit se promener dans la gare, criant en turc, en arabe et en français, sans se douter, bien certainement, de la part de responsabilité qui lui incombait dans cette circonstance.

Quelques jours après, le prince-héritier, revenant d'Alexandrie au Caire, avec la machine 68, fut sur le point d'être victime d'une rencontre, dans cette même gare de Benha, par suite d'une fausse manœuvre commandée à une autre machine. Il est probable qu'on se sera dispensé d'instruire le prince du danger qu'il venait de courir.

Des Machines

Les chemins de fer égyptiens possèdent actuellement 240 machines, c'est environ un tiers de plus que ce qui leur serait nécessaire, puisqu'ils n'occupent que 100 mécaniciens.

Voici la statistique de celles qui ont fonctionné pendant l'exercice 1868-1869 :

NOMS des constructeurs	Contrées	Époque de l'entrée en service des machines	Nombre de machines	Moyenne des jours en service	Prix de coût par machine.
Stephenson	Newcastle	1re s., 1852 à mai 1866	52	196	95,000
		2e s., de 1867 et 1868	32	244	
Sharp	Manchest.	de 1855 à 1863 incl.	25	183	87,648
Kitson	Id.	mars 1865 à juil 1866	15	251	103,369
Peacock ...	Id.	de 1857 à nov. 1863	12	212	90,186
Schneider .	Creusot	nov. 1864 à mars 1865	29	280	82,207
Kœchlin ...	Mulhouse	d'oct. 186 en av. 1865	9	262	82,923
Cail	Paris	juil. 1859 en oct 1864	7	331	75,210
Cokerill ..	Seraing	fév. 1865 à déc. 1866	16	230	85,000

On voit par ce tableau que les machines françaises sont les moins coûteuses, et qu'elles font cependant le meilleur service.

Machines mises hors de service

Il semble que l'administration se préoccupe de mettre hors de service, dans le plus bref délai, le plus grand nombre possible de machines.

Rappelons seulement le fait d'une commande de 50 locomotives adressée aux ateliers Stephenson, et motivée par la mise au rebut de 45 machines, que S. E. Ali-Pacha Moubarek, à son arrivée à la direction, fut fort étonné de trouver se rouillant en plein air dans les cours de Boulak, dépouillées, par des collectionneurs, de leurs principales pièces de bronze et de cuivre.

Voici les n^os^ de ces machines :
13 — 14 — 15 — 24 — 25 — 30 — 32 — 36 — 37 — 41 — 42 — 43 — 44 — 45 — 46 — 50 — 55 — 58 — 59 — 70 — 71 — 73 — 79 — 86 — 89 — 99 — 100 — 101 — 110 — 111 — 112 — 122 — 135 — 136 — 145 — 174 — 178 — 179 — 180 — 181 — 183 — 185 — 187 — 188 — 195.

Comment expliquer que cette commande de 50 machines fût confiée à Stephenson, qui venait d'en livrer une série de tellement défectueuses, qu'au bout de quelques mois, dix d'entre elles, du n° 174 au n° 195, se trouvaient déjà mises au rebut. Un chef de dépôt consciencieux eût dû signaler, dans un rapport, la mauvaise qualité des fournitures Stephenson.

Ce n'est pas que ce constructeur ne puisse bien faire, mais les directeurs, sachant qu'ils doivent nécessairement passer par toute la filière des Bakchichs et que leurs livraisons seront quand même déclarées bonnes et acceptées, agissent en conséquence.

Goodah-Effendi fut envoyé en Angleterre, avec mission de suivre la construction de ces machines, et d'en faire la réception. On ne pouvait l'accuser de posséder les moindres notions de mécanique, mais il avait épousé une Anglaise; ça suffisait. Il remplit sa mission avec un tel succès, que ces machines, quoique neuves, sont celles de toutes qui exigent le plus de réparations.

On met souvent au rebut des machines qui ne demandaient que des réparations peu coûteuses, par exemple les n°s 46, 100 et 101. Après moins d'une année de service, la machine 99 fut dépouillée de ses principales pièces, et mise au rebut.

Des modifications faites aux machines

Il est inutile de fatiguer le lecteur par des détails tout à fait techniques qui exigeraient de longs développements ; il suffit de dire qu'on a eu plusieurs fois la malencontreuse idée de faire subir certaines modifications aux machines de provenance française ou belge et que le résultat obtenu a toujours été désastreux. En principe, dans un pays où les matières et a main-d'œuvre sont d'un prix si élevé, les modifications deviennent fort coûteuses et, en pratique, les tentatives faites n'étaient pas heureuses et n'avaient pour résultat que l'augmentation de la consommation de charbon et la détérioration du matériel.

Ceux qui commandent ces travaux n'ont rien à craindre au sujet de leur insuccès. Il ne faut pas perdre de vue qu'en Egypte un misérable qui a soustrait quelques centaines de francs est envoyé aux galères, mais il est sans exemple qu'une peine quelconque ait été prononcée à la suite d'une dilapidation importante commise au préjudice de l'administration.

L'habitude est, sous prétexte d'économie, de mettre le fonctionnaire en disponibilité, pour le reprendre quelque temps après en lui accordant de l'avancement. Cette coutume, quelque extraordinaire qu'elle puisse paraitre en Europe, est cependant indéniable; elle s'explique par la complicité presque générale des fonctionnaires.

De l'entretien des Machines

C'est au point de vue des travaux d'entretien du matériel qu'on peut apprécier l'incurie orientale de l'administration dans toute sa splendeur.

S. E. Ali Pacha avait fait établir une comptabilité spéciale, permettant de se rendre compte des travaux à exécuter et des résultats obtenus; mais, par mesure d'économie, aussitôt que S. E. Omar Pacha fut appelé à la direction, il débuta par la suppression des livres de compte et de ceux qui les tenaient.

A quoi bon, disent ces messieurs, s'occuper de pareilles niaiseries? l'imperfection n'est-elle pas inhérente à toute chose humaine? ce n'est donc qu'une question de plus ou de moins ; nous ne sommes ici qu'en passant; un caprice nous a fait nommer, un nouveau caprice peut, dès demain, nous faire révoquer : pourquoi réformer et améliorer, pourquoi nous créer des soucis et nous faire des ennemis ?

Ce n'est pas avec de semblables raisonnements que l'on peut éviter les avaries ; aussi, en prenant au hasard le mois d'août 1870, nous voyons que presque chaque jour une machine est restée en route, par suite du défaut d'entretien. Indiquons, pour abréger, les nos 128 — 53 — 6 — 10 — 35 — 167 — 98 — 46 — 161 — 158 — 138 — 126 — 127 — 180, etc., etc.....

On semble rechercher avec ardeur la destruction rapide du matériel, en négligeant les réparations les plus urgentes et les moins coûteuses.

Parfois les machines sont arrêtées, à la sortie du dépôt, par la rupture de quelque goupille ou de quelque boulon qu'il eût été facile de remplacer sans travaux spéciaux.

Les mécaniciens signalent les travaux indispensables et réclament leur exécution avec insistance, sans pouvoir rien obtenir. Le 12 août 1870, S. E. Ismaïl Pacha Moufetiesh resta en route à Tel-El.-Baroud, parce que les tubes de la machine 138 vinrent à manquer ; on avait déjà demandé dix ou douze fois leur remplacement.

Messieurs les Beys et les Pachas s'inquiètent peu de tous ces détails, ils se reconnaissent directeurs *in partibus infidelium* et, pour éveiller leur attention, il ne faut pas parler machines ou réparations; qu'on leur indique plutôt la mise en vente de quelque jeune esclave blanc remarquable par sa beauté.

On répond, en général, aux mécaniciens :

« Vous êtes trop exigeants et trop méticuleux ? Vous prétendez que les tubes vont éclater, que les bandages sont écrasés; rien ne presse, nous verrons plus tard. »

Le mécanicien est contraint de remonter sur sa machine, et de rester exposé aux plus graves accidents.

Bouillet, qui conduisait la machine n° 100, ne put en faire remplacer les tubes usés, et fut brûlé, par suite de leur rupture.

Lors de l'explosion de la machine n° 52, à Kalioub, on constata, après coup, qu'un grand nombre de tubes hors de service avaient été bouchés par des tampons, et que les entretoises du foyer étaient complétement usées.

Ce dernier accident eut pour résultat la mort de six hommes, la perte d'une locomotive, et il fallut payer des indemnités considérables.

En juillet dernier, la chaudière de la locomotive n° 197 se vida entièrement, et la machine fut brûlée, à ce point que les pièces en cuivre furent transformées en un lingot. Ce malheur n'eût pas eu lieu, si la machine eût été pourvue d'un jette-feu.

Quelque graves et nombreux que soient les accidents, il faut cependant reconnaître que, si les ivrognes ont un Dieu pour veiller sur eux, les chemins de fer égyptiens doivent en posséder au moins une demi-douzaine.

On ne peut se faire une idée de la nature et de la multiplicité des intrigues mises en œuvre, lors de la réception du matériel. Prenons la machine n° 36. On réunit cinq ou six mécaniciens de nationalités différentes, on leur donne une quantité insuffisante d'huile et de graisse, et, pendant la marche, les pièces chauffent. Les mécaniciens, choisis en vue du résultat à obtenir, font un rapport défavorable, et le fournisseur, qui n'a pas su se faire agréer, et pour cause, est à tout jamais évincé.

Il serait aisé de prolonger à l'infini l'énumération des fautes qui se commettent journellement, mais, c'est le cas de le dire : à quoi bon?

Les Pachas et les Beys se divisent en deux classes, ceux qui ignorent le français, et ceux qui le connaissent. Si l'un des premiers entend parler d'un imprimé dans lequel il se trouve directement ou indirectement mis en cause, il charge un de ses employés de le lui traduire en turc ou en arabe, et ce dernier a soin de dénaturer complétement, dans son travail, les passages qui pourraient contrarier son chef.

Les Excellences qui connaissent une langue européenne, ou du moins qui devraient la connaître, à la suite de leur séjour en Europe, attachent habituellement aux mots de cette langue une signification tellement différente du sens réel, que le plus souvent il leur est impossible de s'assimiler nos idées.

De la réparation des machines au dehors

L'administration possède de vastes ateliers parfaitement outillés, de nombreux ouvriers, des approvisionnements considérables de matières premières, qu'elle aurait intérêt à utiliser, mais elle prend soin de faire exécuter au dehors une partie des réparations de son matériel, et c'est certes un des moyens les plus efficaces de gaspillage.

La maison Katzenstein d'Alexandrie ne possédait ni l'outillage indispensable, ni les ouvriers spéciaux, et était étrangère aux travaux de cette nature; elle fut néanmoins chargée de la réparation de 20 locomotives. Le travail fut exécuté de telle sorte, que la plupart des machines durent repasser par les ateliers de Boulak, avant de pouvoir être utilisées. Malgré cette seconde série de réparations, les machines 28, 29, 54, 38, 49, etc., ne purent faire un service sérieux, et l'on se demande comment les mécaniciens ont été amenés à les accepter.

Les prix des réparations exécutées par la maison Katzenstein permettaient pourtant de faire le travail dans de bonnes conditions. Ainsi on a payé :

Pour la machine	21	44,176 fr.
—	28	46,300
—	47	45,400
—	20	47,350
—	10	46,400
—	38	41,800

Pour s'édifier sur les prix facturés, on peut consulter le compte relatif à la machine n° 28 :

1 foyer en cuivre	12,805 fr.	35
646 entretoises.	2,990	26
200 tubes.	11,626	88
2 cylindres	5,528	31

Tout commentaire serait superflu ; ces chiffres ont leur éloquence. Comment les chefs payés par l'administration pour défendre ses intérêts ont-ils pu solder à ces prix des réparations si mal exécutées ? N'est-ce pas là une preuve évidente de leur incapacité, pour ne pas dire de leur complicité ?

On conserve pourtant les dehors d'une certaine régularité. Ainsi, lorsque S. E. Ali Pacha fut nommé à la direction, les chefs de service se réunirent en comité chez S. E. Ismaïl Bey pour se concerter sur le mode le plus avantageux à adopter pour les réparations des machines. Il fut décidé que dix seraient confiées aux ateliers de la maison Katzenstein, dont le chef assistait du reste à la délibération. S. E. Ali Pacha ne voulut pas accepter cette décision ; il accorda les travaux à la maison Eliot, qui les exécuta bien et avec une économie de 100,000 fr. sur les prix de son concurrent.

En fait, de grandes réparations exécutées à des prix exorbitants font que de vieilles machines coûtent plus cher que des neuves.

De la variété des types de machines

La variété étrange des divers types de locomotives est bien certainement nuisible aux intérêts des chemins de fer égyptiens, mais la direction générale ne s'en préoccupe nullement dans ses commandes. Le dépôt de Boulak est un véritable musée en ce genre. On y trouve 8 modèles différents de machines à voyageurs, 14 de machines mixtes et 23 de machines à marchandises, sans compter toute une série d'échantillons de machines pour trains spéciaux.

Cette singulière variété amène forcément une grande confusion dans la préparation et la correspondance des trains; elle rend les erreurs plus faciles et les réparations plus coûteuses; elle exige un outillage bien plus nombreux et s'oppose au réemploi des pièces non avariées d'une machine mise au rebut; elle a surtout pour conséquence d'exiger un approvisionnement fabuleux de pièces de rechange.

En prenant pour base dans chaque type l'approvisionnement utile à la réparation de quatre machines, on trouve, que pour quarante-cinq types, il est nécessaire de réunir cent quatre-vingts séries de pièces, qu'on peut estimer, en moyenne, à 20,000 fr.; ce qui donne un chiffre total de 3,600,000 fr. Ce chiffre est dépassé en pratique, et les pièces de rechange en magasin représentent l'emploi d'un capital de plus de cinq millions.

Une direction mieux entendue n'aurait admis que cinq ou six types différents, et, en prenant pour chacun d'eux cinq séries de pièces de rechange, trente approvisionnements seulement eussent été nécessaires. Le capital employé se serait trouvé réduit à 600,000 fr., c'est-à-dire qu'au taux de l'argent en Egypte, l'intérêt d'une seule année du capital absorbé par l'approvisionnement actuel serait suffisant pour un approvisionnement général mieux raisonné.

On devrait, à l'avenir, ne confier de commandes qu'à deux ou trois constructeurs, ayant mérité cette préférence par la bonne qualité de leurs livraisons antérieures. On obtiendrait alors une réduction sur les prix et un meilleur matériel. Les 240 locomotives des chemins de fer égyptiens sortent des ateliers d'une vingtaine d'usines différentes, une direction compétente et désintéressée eût réalisé plusieurs millions d'économies en distribuant judicieusement ses commandes.

Des Wagons

Si l'on s'en rapporte aux documents contenus dans l'album remis à S. A. le Khédive, les chemins de fer égyptiens possédaient, en 1870, 4,498 wagons, ayant coûté environ 30,000,000 fr. Un très petit nombre d'entre eux ont été construits en France.

Voici le détail de ce matériel :

Etat du nombre des wagons en service sur les lignes égyptiennes d'après l'Album du matériel.

DÉSIGNATION	Nombre	Prix en piastres
Wagons pour rails	65	6,354,540
Id. étables	9	345,942
Id. plats pour canons	77	2,959,726
Id. pour marchandises	10	167,355
Id. de secours	1	97,762
Id. ballast	144	1,064,196
Id. pour transport de voiture	9	239,568
Id. à filets pour coton	44	736,364
Id. plats de Gargan	410	8,843,669
Id. plats portatifs	41	4,107,042
Id. pour gros matériel	28	663,958
Id. pour blé	200	3,347,110
Id. caisses à eau	30	1,398,540
Id. fourgons	91	1,968,224
Id. (Saïdia), petits gamelons	167	2,79 ,812
Id. (Azizia), avec filets	90	1,506,200
Id. communs	324	5,422,318
Id. français et indigènes	175	9,000,445
Id. couverts et fermés, anglais	834	21,831.327
Id. gamelons	168	4,397,676
Id. pour coton et houille	1246	20,893,242
Id. de postes	20	1,409,465
Id. (deuxième et troisième classes) Prussiens	87	5,348,516
Id. (troisième classe) Américains	54	5 279,176
Id. de troisième classe	49	2,606,147
Id. de deuxième classe	89	5,471,421
Id. de première classe	54	3,310,578
Id. pour le Khédive, Américains	2	1,484,837
Id. Id. Id.	7	2,584,076
	4498	121,877,963

La piastre tarif est de 0 fr. 25 c.

Ce document, d'une exactitude suffisante pour le gouvernement égyptien, ne mérite cependant pas une confiance absolue, puisque, sur ce même album, on n'indique que 111 locomotives fournies par Stephenson, alors qu'il s'en trouve réellement 112. Cette erreur, reconnue plus tard, a été considérée en Egypte comme absolument insignifiante.

L'entretien des wagons se fait dans des conditions plus mauvaises encore que les réparations des locomotives. Il est facile de comprendre qu'à un moment donné on est forcé de réparer une machine, tandis qu'un wagon peut rouler jusqu'à ce qu'il soit presque entièrement détruit.

Chaque mois, en moyenne, mille wagons entrent en réparation au Caire et à Alexandrie ; ces réparations se font de telle façon que la même voiture est forcée souvent de revenir aux ateliers quatre ou cinq fois de suite dans un même mois. On ignore à Alexandrie les réparations exécutées au Caire, et réciproquement ; la même voiture pourrait être réparée cinquante fois dans la même année sans que l'administration s'en doutât.

En dehors des grands ateliers du Caire et d'Alexandrie, chaque station possède un ajusteur arabe, ce qui est une précaution inutile, vu le manque des outils les plus élémentaires et l'incapacité de l'ouvrier. A Suez, où vingt locomotives se trouvent souvent réunies, il n'existe aucun outillage, et, pour remettre une simple goupille, il faut reconduire machine ou wagon jusqu'au Caire.

Nous ne pouvons énoncer le détail de tout ce qui fait défaut dans le service journalier des wagons et amène leur rapide destruction. Les tampons manquent fréquemment de ressorts, les chaînes d'attache sont trop courtes ou démesurément trop longues, les boîtes à graisse n'ont pas de couvercles, et le sable, dur comme l'émeri, vient ronger l'extrémité des essieux, etc., etc.

Pour le chargement, on ne fait aucune attention à la destination propre à chaque wagon. On rencontre constamment des bestiaux installés dans des wagons à bagages, qui sont aussi quelquefois chargés de pierres. Le chargement et le déchargement s'opèrent dans des conditions déplorables; il en résulte de nombreuses avaries, lesquelles donnent lieu souvent à de lourdes indemnités, et, plus souvent encore, à des procès dont on ne voit jamais la solution, tant l'administration est habile à faire naître les incidents dilatoires.

Entre dix mille exemples, citons une expédition de 200 tables de marbre reçues en bon état par la gare d'Alexandrie et qui, à l'exception de 11 seulement, arrivèrent en morceaux au Caire.

Des wagons demeurent parfois chargés pendant des mois entiers; certains, portant des machines d'un déplacement difficile, sont restés chargés jusqu'à destruction complète du contenant et du contenu.

Pendant plusieurs années, on a vu, à quatre kilomètres d'Alexandrie, un certain nombre de wagons en fer de l'usine Gargan abandonnés au milieu des sables. On les avait oubliés en enlevant la voie de raccordement sur laquelle ils étaient, et ce n'est qu'en 1870 qu'on songea à les faire rentrer au dépôt.

Personnel des Ateliers

Ceux qui s'occupent avec ardeur de l'organisation du travail peuvent visiter les ateliers des chemins de fer égyptiens; ils y trouveront l'application perfectionnée de leurs théories en faveur des ouvriers anglais. Les ouvriers les plus paresseux et les moins habiles gagnent tout autant que les plus zélés et les plus capables (1); quant à l'ouvrier français, quel que soit son mérite, il ne peut obtenir le salaire d'un Anglais.

Il y a mieux : on a trouvé moyen, pour détruire ce contraste anormal, d'expulser, toujours sous prétexte d'économie, les ouvriers français, dont quelques-uns travaillaient déjà depuis cinq ou six ans dans les ateliers.

La direction a donné encore la mesure de son mauvais vouloir envers tout ce qui est français, lorsque de nombreux ouvriers, venus de l'Isthme, demandèrent à être admis dans les ateliers du chemin de fer. On leur proposa, à titre d'essai, de travailler pendant une semaine sans rétribution. Ils acceptèrent ; les résultats furent, en général, satisfaisants: on les maintint alors pendant plus d'un mois dans l'expectative, pour arriver à leur offrir juste la moitié des salaires accordés aux ouvriers anglais. Ces malheureux ne purent accepter : mais, pendant ces cinq semaines, ils avaient épuisé toutes leurs ressources, et ils durent s'en retourner dans un dénûment complet.

(1) Le contrat des ouvriers anglais leur assure l'indemnité de voyage, le logement et une rétribution de 22 guinées par mois.

Personnel des Mécaniciens

L'hostilité envers l'élément français est naturellemet la même en ce qui concerne les mécaniciens.

En 1864, S. E. Abder-Ahman-Bey fit venir vingt-deux mécaniciens français. On mit en œuvre toutes les tracasseries et toutes les vexations, pour les empêcher matériellement de fournir un bon service, et les faire considérer comme incapables et récalcitrants. Dès les premiers mois, on en renvoya un grand nombre sous les prétextes les plus futiles. Lors de l'invasion du choléra, la plupart des autres acceptèrent avec empressement la résiliation de leurs contrats; il n'en reste plus que cinq aujourd'hui.

Pour remplacer les mécaniciens français, on fit venir des Anglais; mais, dès leur arrivée, plusieurs furent enlevés par l'épidémie, et les autres se rembarquèrent au plus vite.

Vers la fin de 1865, on engagea douze mécaniciens belges pour une année, avec la faculté de renouveler leurs contrats; ce dont ils se gardèrent bien de profiter.

Les Belges partis, on se procura vingt-deux nouveaux mécaniciens anglais. Quelque temps après leur arrivée, ils adressèrent une réclamation à l'administration, et, n'ayant pu en obtenir aucune satisfaction,ils se mirent en grève, le 20 avril 1867, à minuit.

L'administration, dégoûtée des Anglais, qui faisaient grève; des Français, qu'elle disait récalcitrants; des Belges, qu'elle trouvait méchants, envoya Betts-Bey en Allemagne, pour y faire des recrues.

Après avoir parcouru l'Allemagne dans tous les sens, S. E. put enfin réunir dix-huit mécaniciens. Ce personnel laissait sans doute beaucoup à désirer; mais eût-il été excellent, qu'il ne pouvait éviter le sort qui lui était réservé. On reprit, à l'égard des Allemands, tous les mauvais procédés dont les Français avaient été victimes: on les surchargea de travail; on exigea d'eux ce qu'on n'osait demander aux Anglais; enfin, on leur mit dans les mains des machines détestables, que Stephenson venait de livrer. Cette politique permit d'imputer aux mécaniciens les accidents et les avaries dont la responsabilité incombait aux constructeurs.

Le résultat désiré fut promptement obtenu: deux des mécaniciens allemands restèrent seuls en service; un devint fou, un quatrième se jeta à la mer, et tous les autres retournèrent dans leur pays, maudissant l'Egypte et ses chemins de fer.

Après ce départ, le sieur Atkinson fut envoyé en Angleterre, avec mission d'y procéder à de nouveaux engagements. Il embaucha, en effet, dix-huit ajusteurs et mécaniciens.

Ainsi, dans l'espace de quelques années, l'administration a fait venir plus de cent mécaniciens anglais, français, belges et allemands, et n'en a pu conserver à son service qu'un très petit nombre. Les pertes qui résultent de ces changements sont énormes: frais de voyage aller et retour, indemnités, usure du matériel, collisions. L'administration n'a jamais voulu comprendre que c'était à elle-même qu'il fallait attribuer ces nombreux changements, et non à l'incapacité ou à l'indiscipline de son personnel.

Si, par hasard, quelque mécanicien français se trouvait assez abandonné de tous pour être tourmenté du désir d'offrir ses services à l'administration égyptienne, il est facile de déterminer la conduite qu'il aurait à suivre pour assurer son maintien. Il devrait, quelle que fût sa capacité, se donner pour mécanicien de seconde classe, voire même pour nettoyeur, se déclarer prêt, en toute circonstance, à apposer sa signature sur toute pièce en faveur ou contre qui ou quoi que ce puisse être, et surtout faire appuyer sa demande d'un bakchich honnête.

RECETTES

Les recettes des chemins de fer égyptiens se sont élevées en :

1867-68	à environ.	38,000,000 fr.
1868-69	dito	24,000,000
1869-70	dito	30,000,000

Pour l'exercice courant, elles ne paraissent pas devoir dépasser 18,000,000 fr.

Cette diminution des produits doit en partie être attribuée à l'administration qui n'a pas su faire sur ses tarifs les concessions convenables en faveur des grands transports pour les gouvernements et les compagnies. Ces grands transports avaient, il est vrai, l'inconvénient fâcheux de troubler sa quiétude ordinaire, en la contraignant, en dehors de toutes ses habitudes, à apporter dans son service du soin et de l'exactitude.

Les chemins de fer égyptiens recevaient annuellement :

Des Messageries, avant l'ouverture du canal, environ 1,800,000, et depuis l'ouverture jusqu'à l'achèvement du canal, environ 900,000 fr.

De la marine française, avant environ 2,000,000, et, après, environ 500,000 fr.

De la poste française, avant 72,000 fr., et, après, 36,000 fr.

De la Compagnie péninsulaire, avant 4,500,000, et, depuis, 2,100,000 fr. seulement.

De la Compagnie du Bengale, avant 1,800,000, et, depuis, 600,000 fr.

Pour le transit des troupes anglaises, avant l'ouverture du canal, environ 4,000,000 fr.

Il est facile d'apprécier l'immense préjudice causé aux chemins de fer égyptiens par la concurrence du canal ; et, lorsque la Compagnie péninsulaire aura complétement adopté cette dernière voie, il est peu probable que les recettes de l'ensemble du réseau dépassent 15,000,000 fr.

Les chiffres qui précèdent font naître les considérations suivantes :

1° La comparaison entre les sommes que les chemins de fer égyptiens encaissaient et les recettes du canal démontre que les compagnies, tous comptes faits, trouvent une certaine économie en utilisant la nouvelle voie.

2° Le chemin de fer eût pu con serverune partie du trafic en diminuant ses tarifs, parce que, entre autres considérations, il offre sur le canal l'avantage de la rapidité et assure encore, malgré les chargements et déchargements, une économie de temps de 26 heures.

3° La voie du canal n'est un progrès sérieux pour le transit qu'en raison de la mauvaise administration des voies ferrées.

4° Les chiffres indiqués comme devant représenter les recettes du canal ne pouvaient provenir que du fait de l'ignorance ou de la mauvaise foi.

5° Au point de vue économique, l'attitude du gouvernement égyptien dans l'affaire du canal est d'une extravagance qui dépasse toute conception, puisqu'il s'est ruiné pour arriver à priver ses chemins de fer de plus de la moitié de leurs recettes.

6° Si le gouvernement égyptien avait eu la fantaisie politique de faire creuser un canal de Suez à Peluze, il eût pu la satisfaire moyennant 150 millions, en s'adressant à une compagnie d'hommes solvables et compétents

7° Il eût évité de créer une dette dont l'ensemble dépasse un milliard, et dont le service absorbe plus des deux tiers de ses ressources.

8° Il eût évité la situation politique absurde dans laquelle il se trouve actuellement, puisque, seul propriétaire des chemins de fer et du canal, il eût possédé de fait, sans conteste et sans intervention étrangère, la situation qu'il rêve aujourd'hui d'acquérir au prix d'armements extravagants.

Dans les années favorables, et en négligeant de tenir compte de l'intérêt des sommes avancées pour la construction des lignes, on évaluait les bénéfices réalisés par les chemins de fer au quart environ des recettes totales ; tandis qu'avec une bonne administration, ils auraient certainement dû être de plus de la moitié des recettes, vu l'élévation des tarifs.

Aujourd'hui, il serait possible de réaliser encore les mêmes bénéfices proportionnels ; mais on peut prédire avec certitude qu'avec les errements actuels, c'est-à-dire avec une administration insouciante, paresseuse, incompétente, avec un personnel n'ayant pour objectif que le gaspillage et la dilapidation, l'exploitation des chemins de fer égyptiens n'arrivera guère, dans l'avenir, qu'à équilibrer ses recettes et ses dépenses.

TARIFS

Les prix fixés sur les tarifs des chemins de fer égyptiens sont, pour les voyageurs, de 25 0/0 en moyenne plus élevés que ceux des chemins français, tandis que, pour les marchandises, la proportion varie du double au triple.

Les enfants ne payent rien jusqu'à trois ans ; au-dessus de cet âge, jusqu'à dix ans, ils payent demi-place.

TARIF DES VOYAGEURS SUR LA LIGNE D'ALEXANDRIE AU CAIRE

ALEXANDRIE AU CAIRE	DISTANCE en MILLES	PRIX DES PLACES			Excédants de bagages par Quintal
		1re Classe	2e Classe	3e Classe	
ALEXANDRIE	—	P. T.	P. T.	P. T.	P. T.
Kafr-er-Dauar	17.26	13 —	8.20	5.20	5.20
Abou-Hommus	28.50	21.21	14 —	9 —	9 —
Damanhour	38.53	29.20	19 —	12 —	12 —
Tel-el-Baroud	54.60	42 —	27 —	17 —	17 —
Kafr-er-Zaïat	65.40	50 —	32.20	20.20	20.20
Tantah	76.40	58 20	38 —	24 —	24 —
Birket-as-Sab	87.70	67 20	43 20	27.20	27.20
Bennah	101.60	78 —	50 20	31.28	31.20
Toch	109.40	84 —	54.20	34 —	34 —
Galioub	121.20	93 —	60.20	37.20	37.20
Caire	131 —	120 —	77 —	40.20	40 20

Le mille correspond à 1,609 mètres ; la piastre tarif à 25 centimes.

Le tarif des trains spéciaux d'Alexandrie au Caire ou réciproquement est de :

1,250 fr. pour une locomotive seule.
1,500 fr. avec un wagon de 3e classe et un fourgon.
1,750 fr. avec un wagon de 2e classe, un wagon-sac et un fourgon.
2,000 fr. avec un wagon de 1re classe, un wagon-sac et un fourgon.
Pour les wagons en plus, il est perçu :
500 fr. par wagon de 1re classe.
300 fr. par wagon de 2e classe.
150 fr. par wagon de 3e classe.

APPROVISIONNEMENTS. 20 *piastres et* 10 *paros par quintal egyptien.* — Poisson frais, fruits, légumes, lait, fromage, beurre, œufs et glace expédiés, par train de voyageurs, du Caire à Alexandrie.

MARCHANDISES PAR CHARGEMENT COMPLET.

1re *classse.* 600 piastres par wagon ordinaire de 5 tonnes ou 110 kantars, du Caire à Alexandrie, d'Imbaba à Minieh, et *vice versâ*. — Articles de modes, mobilier neuf etc., etc. (sans responsabilité pour l'administration).

2e *classe*. 500 piastres par wagon. — Mobilier vieux, farine en sacs, barriques, etc., etc.

3e *classe*. 400 piastres par wagon. — Pièces de machines, figues en sacs pressés, os, sel, charbon, arbres, cuirs non tannés.

4e *classe*. 300 piastres par wagon. — Charbon de terre, bois pour bâtisses, briques cuites, terres glaises, pierres à bâtisses, fer, zinc et fontes brutes, ciment en sacs, foin pressé en sacs, sable, plomb en lingots ou en barres, chaux et plâtre, engrais, vitres en caisse, dalles, cannes à sucre, etc., etc.

MARCHANDISES TAXÉES AD VALOREM

à raison de 1/4 *pour* 100.

Argenterie, orfévrerie, châles des Indes, plumes d'autruche, antiquités, vers-à-soie, opium, thé, ivoire, or, pierreries, platine, safran, encens, etc., etc.

Marchandises fixees au poids

Du Caire à Alexandrie, 131 *milles ; du Caire (Embabeh) à Minieh (Haute Egypte)*, 151 *milles, les deux lignes, même prix. — Par Kantar ou Ardeb, représentant* 45 *kilogrammes.*

Acier travaillé.	1,296	Confection toile ou coton.	2,072
Armes.	2,592	Coton pressé.	2,592
Articles de Paris.	2,592	Coton non pressé.	3,074
Arbres.	1,537	Coton sans égrenage.	1,537
Beurre frais.	1,537	Couvertures laine.	2,592
Boissons en bouteilles.	1,537	Cristalleries.	3,888
Bois à brûler.	0,768	Cuivres ouvragés.	2,072
Bougies.	1,296	Cuivre brut.	1,537
Bouteilles vides.	1,537	Cuirs.	1,537
Briques.	0,768	Crin.	2,592
Bronze.	2,072	Dalles et pavés.	0,768
Brosses.	2,592	Denrées.	2,072
Café vert.	1,296	Dessins sans cadres.	3,888
Cailloux.	0,768	Drap.	3,074
Cannes à sucre.	0,768	Drogues.	1,537
Chandelles.	1,537	Encre.	1,537
Charbon de bois.	1,036	Engrais.	0,768
Charbon de terre.	0,768	Etain.	2,072
Chaussures.	2,072	Farine en sacs.	1,296
Chaux.	0,768	Fer blanc travaillé.	1,537
Chiffons.	0,768	Fer blanc, feuilles.	1,036
Ciment.	0,768	Fer brut.	0,768
Confection en soie.	3,074	Fer travaillé.	1,296

Feuilles de palmier.	1,537
Figues conservées.	1,296
Fil coton pour coudre.	2,072
Fil de cuivre.	2,072
Fil de fer.	1.296
Foin pressé.	0,768
Foin non pressé.	1,036
Fontes brutes.	0,768
Fontes travaillées.	1,036
Fromage.	1,537
Gomme	1,296
Goudron.	1,537
Graine d'indigo.	3,074
Huile balsamique ou de morue	3,888
Huile en bouteilles.	1,537
Huile en barriques.	1,296
Indiennes.	2,07[illegible]
Indigo.	1,537
Instruments de musique.	3,888
Instruments de dessin.	2,592
Ivoire brut.	3,074
Jambons.	2,072
Jonc.	2,072
Joujous en métal.	2,592
Laine pressée.	1,537
Laine non pressée.	2,072
Légumes secs.	1,537
Lin non pressé.	2,072
Lin pressé.	1,537
Lits en cuivre.	1,537
Lits en fer.	1,036
Livres imprimés.	2,072
Macaroni.	1,537
Machines pièces en fer.	1,036
Marbre dessiné ou écrit.	3,888
Marbre travaillé ou brut.	1,537
Médicaments.	3,888
Mélasse.	0,768
Menuiserie.	1,036
Miel blanc.	1,298
Miel brut.	1,537
Monnaie de cuivre.	3,074
Nacre brute.	1,296
Nacre ouvragée.	2,592
Nattes en jonc,	1 537
Nattes en paille.	1,036
Noix de coco.	1,537
Nouveautés.	3,074
Œufs frais.	1,537
Ombrelles.	2,592
Papier.	1,296
Passementerie en soie.	3,074
Passementerie en laine.	2,072
Peaux brutes.	1,036
Peinture en barrique.	1,036
Perles imitation.	1, 36
Pierres à bâtisse.	0,763
Pipes fines.	3,888
Pipes ordinaires.	3,074
Plâtre.	0,768
Plomb brut.	0,768
Plomb travaillé.	1,537
Plumes.	2,592
Plumes arabes, roseau.	3,888
Poissons en boîte ou barrique.	1,537
Porcelaines.	1,537
Poterie.	1,296
Riz.	2,072
Riz en orge.	1,036
Roseaux.	0,768
Roues à charrettes.	1,036
Roues à voitures.	2,592
Rubans en soie.	3,704
Sacs en toile, laine.	1,296
Safran.	1,537
Savons fins.	3,074
Savons ordinaires.	1,296
Sels.	1,036
Soie brute.	3,074
Soies diverses.	3,088
Soufre en barre.	3,074
Sucres.	1,036
Suif.	1,537
Tabacs.	2,072
Tamarinde.	1,296
Tapis.	3,074
Tarbouchs.	3,074
Toile en balle.	1,036
Toile non pressée.	1,537
Toile à voile.	2,072
Toile d'emballage.	1,296
Toilerie.	2,072
Toile brute.	1,036
Vernis.	2,592
Verres de couleurs.	3,888
Vinaigre en barrique.	1,036
Vitres en caisse.	0,767
Zinc en feuilles.	1,036
Cigares.	3,074
Marchandises inflammables.	1,537

CONCLUSION

Nous laisserons au lecteur le soin de tirer lui-même les conclusions de l'exposé des faits que nous venons de présenter, et nous nous contenterons d'apprécier quelle peut être la valeur des chemins de fer égyptiens.

Au point de vue de la dépense, il résulte de ce que nous avons dit, que le matériel roulant, les approvisionnements et l'outillage existant représentent un débours d'environ 70 millions.

Quant à l'établissement des lignes, il paraît, au premier abord, à peu près impossible d'indiquer la somme qu'il a absorbée; cependant, en tenant compte de ces faits : que les terrassements ont été exécutés en partie par les corvées; qu'il ne se trouve ni tunnels, ni grands viaducs, ni constructions luxueuses, ni ponts importants, à l'exception des deux qui traversent le Nil, l'on ne doit pas s'éloigner beaucoup de la vérité en fixant à 110 millions le montant de la dépense avouable. Ce serait donc un débours total d environ 180 millions, que représenteraient actuellement le réseau et le matériel.

Mais si l'on veut obtenir une appréciation aussi exacte que possible de la valeur réelle de l'ensemble, il convient de retrancher de ces 180 millions les majorations considérables que les fournitures ont subies, la dépréciation qu'a naturellement amené un long service, les réparations importantes qu'exige la voie, etc., etc. A tous ces titres, une réduction de 40 millions n'a certainement rien d'exagéré et donne le chiffre de 140 millions comme valeur maximum actuelle.

A un autre point de vue, si l'on suppose ces chemins administrés tout à l'opposé de la façon dont ils le sont aujourd'hui, et ce, soit par le gouvernement, soit par une compagnie; si l'on suppose, en outre, le maintien des tarifs actuels et une recette annuelle d'environ 16 à 18 millions, l'on peut estimer que les frais d'exploitation pourraient être réduits à environ 40 pour 100, ce qui donnerait un écart d'environ 9 à 10 millions. Dans ces conditions, la valeur des chemins de fer, calculée d'après leur revenu possible sur la base du cours des fonds égyptiens, ressortirait à environ 110 millions, tandis qu'elle ressortirait à environ 130 millions, si l'on capitalisait à 7 p. 100 seulement.

Le gouvernement égyptien n'aurait donc aucun avantage à vendre ses chemins de fer, s'il se décidait à apporter dans leur exploitation des réformes telles qu'il en tirât tout le revenu qu'ils sont susceptibles de donner; mais si les errements du passé devaient être maintenus, il est évident qu'il aurait tout profit à vendre ses chemins pour une somme de 120 ou 130 millions; cette opération le ferait rentrer dans la valeur réelle de ses débours et lui permettrait d'alléger d'autant ses engagements.

ALFRED NOUETTE DELORME.

Paris. — Imprimerie KUGELMANN, 13, rue du Helder.

www.ingramcontent.com/pod-product-compliance
Lightning Source LLC
LaVergne TN
LVHW052015160826
845678LV00003B/1070

* 9 7 8 2 3 2 9 6 5 3 1 3 6 *